Capitolo 1: Il ritorno alle radici

Era una sera di primavera, la luce arancione del tramonto filtrava attraverso le finestre del suo modesto appartamento. Marco fissava il vecchio poster sbiadito di Street Fighter 3rd Strike che adornava la parete di fronte al suo computer. Aveva sempre avuto una passione viscerale per quel gioco, un amore che affondava le radici nelle ore trascorse nelle sale giochi anni prima.

Aveva quarant'anni ormai, eppure i ricordi di quel ragazzo che si perdeva nelle partite all'arcade sembravano così vividi, così palpabili. La vita, con tutte le sue responsabilità, lo aveva allontanato dal mondo dei videogiochi. La famiglia, il lavoro, le priorità avevano spinto la sua passione in un angolo remoto della memoria.

Ma quella sera, mentre scorreva distrattamente il feed di Facebook dopo una giornata di lavoro, un annuncio catturò la sua attenzione. Un gruppo dedicato agli appassionati di Street Fighter 3rd Strike. Era come un richiamo dal passato, una scintilla che riaccendeva un fuoco sopito da anni.

"Chissà se c'è ancora qualcuno che gioca seriamente a questo gioco," pensò tra sé, mentre i suoi occhi si illuminavano di un'emozione da tempo dimenticata. Senza pensarci due volte, si unì al gruppo. Era come varcare una porta segreta verso un mondo che credeva perduto, un mondo di combattimenti virtuali, di rivalità e di amicizia.

Quella notte, mentre si addentrava nei messaggi del gruppo, guardava video su YouTube di tornei vecchi e nuovi, un sorriso giocava sulle sue labbra. Lì, nella quiete del suo appartamento, sentì rinascere quella stessa eccitazione che provava quando, da ragazzo, inseriva la moneta nell'arcade per sfidare chiunque si trovasse dall'altra parte del cabinato.

Era il ritorno alle radici, il risveglio di una passione che sembrava sepolta sotto strati di responsabilità adulte. Marco sapeva che quel gruppo di appassionati sarebbe stato il punto di partenza di un viaggio, un viaggio che avrebbe riportato la luce nei suoi occhi e il brivido della competizione nel suo cuore.

Lì, di fronte al poster consunto di Street Fighter 3rd Strike, decise che era arrivato il momento di tornare a giocare. Era il momento di riprendere il joystick, di sentirsi di nuovo vivo tra i combattimenti pixellati di un gioco che aveva plasmato la sua giovinezza.

E così, con un mix di nostalgia e anticipazione, Marco si immerse nell'universo virtuale di Street Fighter 3rd Strike, determinato a fare del ritorno alla passione per quel gioco il punto di svolta nella sua vita.

Capitolo 2: Un nuovo inizio

Le giornate scorrevano rapide, cariche di responsabilità e impegni familiari. Marco si destreggiava tra il lavoro e le necessità domestiche, ma nel suo cuore bruciava ancora la fiamma del desiderio di tornare a giocare a Street Fighter 3rd Strike. Tuttavia, il tempo sembrava essere il suo nemico più ostinato.

Le serate si fondevano in una routine: cene veloci, compiti con i figli, qualche ora davanti al televisore prima di crollare esausto nel letto. Era difficile trovare spazio per qualcosa di personale, per un hobby che un tempo aveva consumato le sue ore.

Street Fighter, con i suoi round frenetici e la competizione implacabile, sembrava così distante da quella vita quotidiana. Marco, pur sentendo la mancanza di quei momenti di sfida e divertimento, si sentiva intrappolato dalla necessità di essere un adulto responsabile.

Eppure, mentre la sua mente era impegnata con le faccende domestiche, un'idea lo perseguitava. Forse c'era un modo per conciliare il suo amore per il gioco con le responsabilità della vita adulta. Una sera, dopo aver messo a letto i bambini, si sedette al suo computer e iniziò una ricerca online.

"Esiste un modo per giocare a Street Fighter 3rd Strike nonostante il poco tempo?", digitò sulla tastiera, sperando in qualche soluzione miracolosa. Le pagine dei forum si aprirono davanti a lui, rivelando discussioni su emulatori, server dedicati e persino raduni offline organizzati da appassionati.

Scoprì che poteva accedere al gioco tramite piattaforme online e che c'erano comunità attive che organizzavano raduni periodici. L'entusiasmo di quel giovane ragazzo che una volta era, riaffiorò in lui. Era come se avesse trovato un nuovo mondo, un modo di unire la sua passione a questa nuova fase della vita.

Con il cuore accelerato dall'emozione, Marco iniziò a pianificare. Trovò il tempo tra un impegno e l'altro, ritagliando spazi nella sua routine per dedicarsi di nuovo a quello che gli dava gioia. Non era facile, ma la sua determinazione cresceva man mano che scopriva soluzioni che gli permettevano di bilanciare la passione per Street Fighter con gli obblighi familiari.

La speranza e l'energia di quel giovane ragazzo che un tempo era, ora lo guidavano attraverso questa nuova fase della sua vita. Aveva trovato una via di mezzo, un modo per ricongiungersi con ciò che amava senza compromettere il suo ruolo di padre e marito.

Con una nuova prospettiva, Marco si sentiva pronto a immergersi nuovamente nel mondo dei combattimenti virtuali. Il suo ritorno a Street Fighter 3rd Strike era solo l'inizio di una nuova avventura che avrebbe combinato il suo amore per il gioco con la sua vita adulta, aprendo le porte a esperienze che non avrebbe mai immaginato possibile.

Capitolo 3: Il risveglio online

Tra le serate frenetiche e le responsabilità familiari, Marco trovò una finestra temporale preziosa per tornare a giocare a Street Fighter 3rd Strike. La sua determinazione era cresciuta, alimentata dalla scoperta di una comunità online che condivideva la sua stessa passione per il gioco.

I primi passi nell'universo online erano come un tuffo in acque sconosciute. Si registrò su piattaforme di gioco, si unì a gruppi su social media e iniziò a frequentare forum dedicati a Street Fighter. La sua presenza iniziò a farsi sentire, commentando discussioni, chiedendo consigli e condividendo la sua storia con altri appassionati.

Attraverso Facebook e WhatsApp, trovò un gruppo di giocatori che organizzava sessioni di gioco online. Fu accolta con entusiasmo, come se fosse tornato tra vecchi amici. La sua voglia di competere e la passione per Street Fighter 3rd Strike si riaccesero come fiamma incontenibile.

Le prime partite online furono intense. Si ritrovò di fronte a avversari di ogni livello, alcuni abili come veterani delle vecchie sale giochi, altri nuovi arrivati desiderosi di apprendere. Ogni match era un'opportunità per migliorare, per riconnettersi con le meccaniche di gioco e per stringere nuove amicizie attraverso il comune amore per il fighting game.

Le ore notturne diventarono il suo tempo sacro: quando il resto del mondo si addormentava, Marco si immergeva nell'azione di Street Fighter 3rd Strike. Gli spazi digitali diventavano l'arena in cui sfoggiare le abilità acquisite, ma anche dove imparare dagli avversari più esperti.

Il ritmo frenetico delle combo e la precisione nei movimenti lo riportavano indietro nel tempo, quando il mondo del gioco era tutto ciò che contava. Ogni vittoria era una celebrazione, ogni sconfitta un'opportunità di crescita.

La scoperta di questo mondo online, pieno di sfide e di compagni di gioco, fece riemergere in Marco quella gioia pura che solo Street Fighter 3rd Strike poteva regalargli. Era come se il tempo si fosse fermato e lui fosse di nuovo quel giovane appassionato di combattimenti virtuali.

Il gioco online divenne il suo rifugio, il luogo in cui la passione e l'adrenalina si mescolavano in un cocktail perfetto. Ma sapeva che c'era qualcosa di ancora più speciale: l'attesa dei raduni offline. Là dove, come ai bei tempi, si sarebbe potuto incontrare faccia a faccia con gli amici condividendo quella stessa passione, toccando con mano l'essenza autentica di Street Fighter 3rd Strike. E quella prospettiva, quel pensiero, lo riempiva di emozione e anticipazione.

Capitolo 4: Il ritorno ai raduni offline

L'emozione di giocare a Street Fighter 3rd Strike online era palpabile, ma c'era un altro aspetto che alimentava i sogni di Marco: i raduni offline. L'idea di rivivere l'atmosfera delle vecchie sale giochi, quella sensazione tangibile di essere immerso nel mondo del gaming, lo attirava irresistibilmente.

Dopo settimane di interazioni online con il gruppo di appassionati, finalmente arrivò il momento tanto atteso: il primo raduno offline. L'evento si sarebbe svolto in una sala giochi restaurata, un luogo che sembrava un santuario per tutti gli amanti dei giochi arcade.

La mattina del raduno, Marco si sentiva come un bambino nel giorno di Natale. Indossava la sua t-shirt preferita di Street Fighter, prese la sua borsa con il joystick e si avviò verso l'incontro con una miscela di eccitazione e nervosismo.

L'atmosfera nella sala giochi era elettrizzante. L'aria era impregnata di suoni di pulsanti schiacciati, di voci che gridavano, di musica da videogiochi che si diffondeva nell'aria. Gli schermi delle vecchie cabinati arcade illuminavano i volti sorridenti di giocatori di ogni età.

Appena entrò, venne accolto da saluti calorosi. Era come se tutti si conoscessero da una vita, nonostante fosse il suo primo raduno offline. Si avvicinò a un gruppo di giocatori concentrati su un cabinato di Street Fighter 3rd Strike e, con un sorriso, chiese se poteva unirsi a loro.

La sensazione di prendere in mano il joystick originale e sentire i pulsanti sotto le dita era indescrivibile. Ogni round era un'esperienza intensa, una lotta tra avversari che condividevano lo stesso amore per quel gioco iconico. Ogni combo eseguita con successo e ogni parata ben cronometrata erano un tributo alla sua perseveranza nel migliorare nel gioco.

Tra le partite, si ritrovava a chiacchierare con gli altri giocatori. Scambiavano consigli, ridevano delle situazioni più esilaranti durante le partite e condividevano aneddoti sulle loro prime esperienze con Street Fighter 3rd Strike.

La giornata passò velocemente, ma lasciò un'impronta indelebile nella mente di Marco. Quella sensazione di condivisione di una passione comune, di sentirsi parte di una comunità unita dalla stessa nostalgia e passione per il gioco, era ciò che aveva cercato da anni.

Mentre lasciava la sala giochi, sentiva il calore dell'esperienza vissuta. Era il ritorno alle radici, la conferma che la passione per Street Fighter 3rd Strike non era solo una fase nostalgica, ma un legame profondo con qualcosa di tangibile, con un mondo che ancora viveva attraverso il cuore e le mani di coloro che lo amavano. Era solo l'inizio di una serie di raduni e di un percorso che lo avrebbe portato a esplorare ancora di più la sua passione per il gioco.

Capitolo 5: L'ascesa sui forum

Il raduno offline aveva risvegliato in Marco una nuova voglia di condividere la sua passione per Street Fighter 3rd Strike. Mentre il ricordo dei combattimenti nella sala giochi continuava a danzare nella sua mente, una nuova opportunità si presentò: i forum online dedicati al gioco.

Decise di estendere la sua presenza nel mondo virtuale, contribuendo attivamente alle discussioni nei vari forum. Creò un account e iniziò a partecipare a conversazioni su strategie di gioco, tecniche avanzate e persino su aneddoti legati alle vecchie versioni del gioco. La sua esperienza offline nei raduni aveva rinvigorito il suo entusiasmo per Street Fighter 3rd Strike e voleva condividerlo con altri appassionati.

Non passò molto tempo prima che i suoi commenti e i suoi post guadagnassero risonanza tra gli utenti dei forum. Le sue esperienze, sia online che offline, divennero fonte di ispirazione per molti. Le sue osservazioni sui dettagli del gioco, sulle tattiche e sulle curiosità storiche attirarono l'attenzione degli altri membri della community.

Più interagiva, più si rendeva conto di quanto l'esperienza del raduno offline avesse amplificato la sua conoscenza e il suo coinvolgimento nel mondo di Street Fighter. Le conversazioni online diventarono un punto di riferimento per nuovi giocatori in cerca di consigli e una fonte di approfondimento per veterani del gioco.

Oltre a condividere la sua esperienza, Marco iniziò a imparare molto dai contributi degli altri. Nuove strategie, sfumature del gioco che non aveva mai considerato e storie di altri appassionati arricchirono il suo bagaglio di conoscenze.

Tuttavia, c'era qualcosa di più profondo in questo coinvolgimento online. Non si trattava solo di discutere di un gioco, ma di costruire legami con persone provenienti da luoghi diversi, accomunate dalla stessa passione. Ogni risposta, ogni thread aperto, gli faceva sentire di essere parte di una famiglia virtuale, unita da un'unica passione.

Le lunghe notti trascorse dietro lo schermo del computer non erano più solitarie, ma piene di conversazioni appassionate e scambi culturali. Il suo coinvolgimento sui forum era diventato un altro aspetto significativo del suo viaggio nel mondo di Street Fighter 3rd Strike, un modo per condividere, imparare e, soprattutto, sentire di appartenere a qualcosa di più grande di sé stesso.

Capitolo 6: La nostalgia dei raduni

Nonostante l'entusiasmo e l'energia dei forum online, Marco non poteva ignorare la nostalgia dei raduni offline. La connessione umana, le risate, l'adrenalina dei combattimenti "faccia a faccia" erano un'esperienza che nessun forum poteva replicare completamente.

Così, dopo mesi di interazioni virtuali e di intense discussioni online, giunse il momento di un altro raduno offline. Questa volta, l'evento era organizzato in un luogo ancora più iconico: una vecchia sala giochi che resisteva ancora nel cuore della città.

L'attesa per questo evento era stata palpabile. L'emozione di rivedere gli amici con cui aveva condiviso i primi combattimenti, la gioia di incontrare nuovi appassionati e l'ansia mista all'entusiasmo per sfidare nuovi avversari si fondevano in un cocktail di emozioni.

Quando varcò la soglia della sala giochi, il suo cuore accelerò. L'atmosfera familiare lo avvolse come una coperta calda, accogliendolo in un abbraccio di suoni familiari: i rumori dei cabinati, le risate, le discussioni accese sulle strategie di gioco.

Si unì subito al gruppo di giocatori che lo aveva accolto precedentemente. Con grande attesa, prese il suo posto davanti a uno dei cabinati di Street Fighter 3rd Strike. La sensazione di stringere tra le mani il joystick e sentire il ritmo dei tasti sotto le dita era inebriante.

Le partite iniziarono, e lui si immerse completamente nel flusso dell'azione. Ogni incontro era un'esperienza diversa, un momento in cui le abilità sviluppate online venivano messe alla prova nella dimensione tangibile dell'arcade.

Ma non era solo il gioco a rendere quel raduno così speciale. Era la connessione con gli altri giocatori, le conversazioni casuali tra una partita e l'altra, la condivisione di aneddoti sulle loro esperienze di gioco.

In mezzo a tutto questo, Marco si rese conto di quanto fosse significativo per lui ritrovarsi lì, in quel luogo carico di storia videoludica. La nostalgia dei raduni offline non era solo per i giochi stessi, ma per l'intera esperienza: il suono delle monete nelle slot, l'odore dei cabinati, l'eccitazione di un match ravvicinato.

Quella giornata nei locali della sala giochi fu un rinnovato viaggio nel passato, ma anche una conferma del valore unico di quei momenti condivisi nella comunità di giocatori. E mentre salutava gli amici vecchi e nuovi, sapeva che quella nostalgia sarebbe stata solo una delle tante ragioni per cui avrebbe continuato a partecipare ai raduni offline, poiché rappresentavano un'esperienza senza pari, un'occasione per unire passato e presente in un unico abbraccio.

Capitolo 7: La ricerca dei compagni di gioco

La passione di Marco per Street Fighter 3rd Strike cresce giorno dopo giorno, ma sente il bisogno di ampliare la sua cerchia di amici appassionati del gioco. Decide di dedicare tempo alla ricerca di nuovi compagni di gioco per arricchire ulteriormente la sua esperienza e condividere la passione.

Attraverso i forum dedicati e le comunità online, comincia a interagire con giocatori provenienti da diverse parti del mondo. Le conversazioni su strategie di gioco, preferenze dei personaggi e aneddoti legati alle loro esperienze diventano parte integrante della sua routine quotidiana.

Lentamente, ma con determinazione, Marco inizia a stabilire connessioni con altri appassionati. Trova giocatori con cui condivide interessi simili e visioni comuni sul gioco. Con alcuni di loro, organizza sessioni di allenamento online, mentre con altri trascorre ore a discutere delle sfumature di Street Fighter e delle dinamiche del gioco.

La ricerca di nuovi compagni di gioco diventa un viaggio di scoperta e connessione. Ogni nuovo incontro online rappresenta un'opportunità di apprendere, migliorare e costruire amicizie basate sulla passione condivisa per il gioco.

Attraverso WhatsApp, Discord e altri canali di comunicazione, Marco forma un gruppo di appassionati di Street Fighter 3rd Strike. Questo gruppo diventa un punto di riferimento per scambi di consigli, organizzazione di sessioni di gioco e condivisione di momenti esilaranti vissuti durante le partite.

La ricerca di nuovi compagni di gioco si trasforma in un processo di crescita personale e di scoperta continua. Ogni nuovo amico incontrato online contribuisce a arricchire la sua esperienza nel mondo di Street Fighter, offrendogli una prospettiva diversa e spingendolo a migliorare costantemente le sue abilità.

Capitolo 8: Il ritorno alle raduni

Dopo aver trascorso del tempo a costruire connessioni e ad allenarsi con i nuovi compagni di gioco online, Marco si sente pronto per un'altra tappa fondamentale del suo percorso: un raduno offline di Street Fighter 3rd Strike.

Questa volta, l'evento è più grande e prestigioso, annunciato con entusiasmo nelle comunità online e nei forum dedicati al gioco. Si tratta di un'occasione unica, una sorta di festival per gli appassionati, dove giocatori provenienti da diverse città si riuniscono per celebrare il loro amore per Street Fighter.

Con la giusta dose di eccitazione e anticipazione, Marco si prepara per l'evento. Arrivato sul luogo, rimane stupefatto dall'atmosfera vibrante. La sala risplende di luci colorate, il suono dei cabinati e delle voci dei giocatori riempie l'aria. È come se tutto il mondo che aveva conosciuto virtualmente si fosse trasformato in una realtà palpabile.

Rivedere i vecchi amici che aveva incontrato ai raduni precedenti è come ritrovare parte della propria famiglia. Saluti calorosi, abbracci e risate riempiono l'aria mentre i giocatori si preparano per una giornata di sfide e divertimento.

Si unisce a vari tornei e partite, trovandosi a fronteggiare sia nuovi volti che vecchie conoscenze. Ogni match è un'opportunità di mettere alla prova le abilità acquisite, di imparare dalle diverse strategie dei giocatori e di godersi l'atmosfera competitiva e amichevole allo stesso tempo.

Ma l'evento non è solo fatto di combattimenti. È un'esperienza condivisa, fatta di scambi di consigli, di condivisione di aneddoti legati al gioco e di momenti di pura euforia quando si realizzano combo perfette o si compiono mosse audaci.

Tra una partita e l'altra, Marco ha l'opportunità di stringere nuove amicizie e di rafforzare i legami con gli amici di lunga data. Ogni sconfitta è accolta come un'opportunità di crescita, ogni vittoria come un traguardo personale.

Il raduno diventa un momento indimenticabile, un capitolo importante nella storia del suo percorso di appassionato di Street Fighter 3rd Strike. È un'esperienza che rafforza il legame con la comunità e conferma la sua dedizione al gioco, oltre a lasciargli un bagaglio di ricordi e momenti di gioia da custodire per sempre.

Capitolo 9: L'incontro con i veterani

Dopo il raduno emozionante e coinvolgente, Marco si trova immerso in un altro momento significativo del suo viaggio nel mondo di Street Fighter 3rd Strike: l'incontro con i veterani del gioco.

Attraverso i forum e le comunità online, Marco aveva sentito parlare di giocatori leggendari, veterani che avevano dedicato anni al gioco e acquisito una maestria senza pari. Avevano costruito una reputazione nella comunità per le loro abilità straordinarie e la loro conoscenza profonda del gioco.

In un evento dedicato, Marco ha l'opportunità di incontrare alcuni di questi veterani. Si ritrova a competere contro giocatori che hanno affinato le loro capacità nel corso degli anni, affrontando sfide che vanno oltre la tecnica e l'abilità di gioco.

Ogni scontro è un'esperienza unica. La maestria dei veterani emerge in ogni mossa, in ogni combo eseguita con precisione millimetrica. Marco si trova di fronte a una lezione pratica di strategia e abilità, imparando dalle loro mosse e dalle loro tattiche avanzate.

Ma più importante delle partite sono le conversazioni che segue con questi veterani. Ascolta le loro storie sulle prime competizioni, sui tornei che hanno vinto e sulle loro sfide più difficili nel perfezionare le abilità di gioco. Ogni racconto è un tesoro di conoscenza che si apre di fronte a lui, un'opportunità per imparare da chi ha percorso una strada simile.

Attraverso queste interazioni, Marco acquisisce una nuova prospettiva sul gioco. Capisce meglio le dinamiche nascoste dietro le mosse, i dettagli intricati delle tattiche e l'importanza della pratica costante. Ogni incontro è un'opportunità di crescita personale nel suo percorso per diventare un giocatore migliore.

Ma più di tutto, questo incontro con i veterani è un omaggio al rispetto e alla passione condivisa per Street Fighter 3rd Strike. È un momento in cui l'esperienza e la conoscenza si mescolano alla gioia del gioco, confermando che, nonostante il livello di abilità, tutti fanno parte della stessa comunità, uniti dallo stesso amore per questo gioco iconico.

Capitolo 10: La rivalità online

Marco si trova immerso in una fase più competitiva del suo percorso di appassionato di Street Fighter 3rd Strike. Le sue abilità sono cresciute grazie agli allenamenti costanti e agli incontri con giocatori di diversi livelli, portandolo a un livello di gioco più avanzato.

Negli scontri online, si trova sempre più spesso a fronteggiare avversari molto abili. Questi incontri diventano vere e proprie sfide, un banco di prova per le sue abilità e la sua resistenza mentale. Ogni match è un'opportunità per testare nuove strategie e migliorare la sua tecnica.

Le partite diventano sempre più intense, coinvolgendo una dose di adrenalina e di concentrazione superiore. La rivalità online si sviluppa con giocatori che si affrontano regolarmente, creando un ambiente di competizione sana ma accesa.

Marco trova ispirazione nella competizione. Ogni sconfitta diventa un'occasione per analizzare le proprie debolezze, mentre ogni vittoria è un traguardo che conferma i risultati dei suoi sforzi e delle sue strategie di gioco.

Ma la rivalità non è solo una questione di vittorie e sconfitte. Si tratta anche di rispetto reciproco e ammirazione per le abilità degli altri giocatori. Marco trova gratificante il confronto con avversari di alto livello, apprendendo da ogni incontro e apprezzando l'ingegnosità e la dedizione dei suoi rivali virtuali.

Attraverso la rivalità online, Marco perfeziona la sua capacità di adattamento. Impara a modificare le sue strategie di gioco, a prevedere le mosse degli avversari e a mantenere la calma anche sotto pressione. È un percorso di crescita continua, fatto di sfide che lo spingono a migliorare costantemente.

Questa fase competitiva diventa un'esperienza formativa per Marco, un momento in cui la determinazione e la resilienza sono messe alla prova. La rivalità online non è solo un contesto di gioco, ma un terreno fertile per la sua evoluzione come giocatore e come individuo all'interno della comunità di **Street Fighter 3rd Strike**.

Capitolo 11: La ricerca della perfezione

Marco si trova in una fase di profondo impegno nel perfezionamento delle sue abilità in Street Fighter 3rd Strike. La sua determinazione lo spinge a un livello superiore di concentrazione e dedizione al gioco.

Ogni momento libero lo dedica all'allenamento, studiando dettagliate strategie di gioco, analizzando le mosse dei personaggi e praticando combo e tattiche avanzate. La sua ricerca della perfezione diventa un'ossessione, un viaggio alla scoperta di ogni dettaglio nascosto del gioco.

Spesso trascorre ore di fronte allo schermo, eseguendo ripetutamente le mosse, affinando la tempistica delle combo e sperimentando nuove strategie. Ogni errore è un'opportunità per migliorare, ogni successo è una conferma del suo costante impegno.

La costanza e la disciplina diventano i suoi migliori alleati. Pratica movimenti precisi e si esercita costantemente per mantenere la sua abilità al massimo livello. Si immerge nel gioco fino a comprendere le sfumature più sottili delle dinamiche di combattimento.

Oltre alle sessioni di allenamento, dedica tempo alla ricerca di risorse online e video tutorial avanzati per ampliare la sua conoscenza del gioco. Studia le strategie dei giocatori professionisti, cerca di imparare da loro e di applicare le loro tattiche al suo stile di gioco personale.

La ricerca della perfezione lo spinge a esplorare sempre nuove strategie e a perfezionare costantemente le sue abilità. La sua determinazione non conosce limiti, e ogni passo avanti nel percorso del miglioramento diventa un traguardo significativo.

Questa fase intensiva di allenamento e studio diventa un viaggio interiore per Marco. Oltre al perfezionamento delle abilità di gioco, scopre nuove qualità in sé stesso: la pazienza, la perseveranza e la dedizione assoluta alla sua passione per Street Fighter 3rd Strike.

Capitolo 12: Il confronto con se stesso

In mezzo all'intensivo allenamento e alla ricerca costante della perfezione in Street Fighter 3rd Strike, Marco si trova in un momento di profonda riflessione interiore.

Attraverso questo percorso di auto-miglioramento e impegno nel gioco, inizia a scrutare più attentamente dentro di sé. Si pone domande sul significato più profondo della sua passione per Street Fighter e sull'impatto che il gioco ha avuto sulla sua vita.

Riflette sul suo percorso finora, riconoscendo come la sua passione per il gioco abbia plasmato molte delle sue esperienze. Da quando ha ripreso a giocare, ha sperimentato una rinascita dell'entusiasmo e della gioia che solo Street Fighter 3rd Strike può offrirgli.

Ma al di là della competizione e della ricerca della perfezione, Marco inizia a valutare cosa il gioco rappresenti realmente per lui. Si rende conto che Street Fighter non è solo una serie di combo e mosse, ma una parte integrante della sua vita, un filo conduttore che collega il suo passato con il presente.

Ricorda con affetto le prime esperienze nelle sale giochi, il brivido di competere contro sconosciuti, l'emozione delle vittorie e la lezione delle sconfitte. Si rende conto di quanto il gioco abbia insegnato a lui, non solo in termini di abilità di gioco, ma anche di resilienza, disciplina e capacità di adattamento.

Il confronto con sé stesso diventa un viaggio di auto-rivelazione. Oltre alla competizione e all'adrenalina delle partite, Street Fighter 3rd Strike rappresenta un legame con la sua storia personale, un modo per connettersi con la sua giovinezza e rivivere momenti speciali.

Questa fase di riflessione diventa un momento di apprezzamento per il valore intrinseco del gioco. Street Fighter 3rd Strike non è solo un passatempo, ma una fonte di ispirazione, di connessione con la comunità e di scoperta personale.

Marco si rende conto che, al di là delle sfide e delle competizioni, è la passione e la gioia che il gioco porta nella sua vita a renderlo così prezioso. Questo confronto con sé stesso diventa un modo per riaffermare la sua passione e la sua dedizione per Street Fighter 3rd Strike, arricchendo ancora di più il suo legame con questo iconico gioco arcade.

Capitolo 13: L'approccio tecnologico

Dopo un periodo di auto-riflessione, Marco si ritrova a esplorare un nuovo ambito nel suo percorso di appassionato di Street Fighter 3rd Strike: l'approccio tecnologico al gioco.

Intrigato dalla nostalgia e dalla fedeltà agli strumenti originali del gioco, Marco si immerge in un viaggio alla scoperta di hardware vintage e di soluzioni tecnologiche che possano arricchire la sua esperienza di gioco.

Investe tempo e risorse nella ricerca di dispositivi che possano ricreare l'autenticità delle vecchie sale giochi. Si appassiona alla ricerca di cabine arcade originali, joystick e hardware vintage, cercando di ricreare l'atmosfera retro che ha contribuito a plasmare la sua passione per il gioco.

Attraverso la sua determinazione, riesce a reperire dispositivi originali, come joystick e console arcade CPS3, e li integra nel suo setup di gioco personale. Utilizzando soluzioni tecniche avanzate, riesce persino a connettere queste reliquie del passato alle moderne piattaforme di gioco.

Con cura e dedizione, crea uno spazio di gioco che trasmette l'autenticità delle vecchie sale giochi direttamente nella sua casa. Ogni volta che si siede di fronte a questo setup, si sente come se fosse tornato indietro nel tempo, rivivendo l'emozione e la magia delle partite nei cabinati arcade.

Questo approccio tecnologico non è solo un tributo alla sua passione per Street Fighter 3rd Strike, ma diventa anche un modo per coniugare passato e presente. Marco si ritrova a sperimentare il gioco con strumenti vintage, mantenendo allo stesso tempo un piede nel mondo moderno del gaming online.

Questa nuova fase del suo percorso non solo arricchisce la sua esperienza di gioco, ma rinnova la sua connessione con la storia e la tradizione di Street Fighter. L'approccio tecnologico diventa un'opportunità di celebrare la longevità e l'eredità di un gioco che ha lasciato un'impronta indelebile nella cultura dei videogiochi.

Capitolo 14: L'evoluzione continua

Marco si trova ora in una fase di evoluzione continua nel suo percorso di appassionato di Street Fighter 3rd Strike. Dopo aver attraversato varie tappe, dalle competizioni online ai raduni offline, fino all'esplorazione dell'hardware vintage, si rende conto che il suo viaggio è in costante mutamento e crescita.

La sua passione per il gioco continua a crescere, alimentata dalla scoperta di nuove sfide e opportunità. Marco si impegna a mantenere viva la fiamma della sua passione, esplorando sempre nuovi aspetti del gioco e della comunità che lo circonda.

Oltre ad affinare costantemente le sue abilità di gioco, Marco inizia a condividere la sua conoscenza e la sua esperienza con altri appassionati. Si impegna attivamente a essere una risorsa per la comunità, guidando discussioni, offrendo consigli e sostenendo i giocatori meno esperti.

Si evolve anche come giocatore, sperimentando nuove strategie e adottando stili di gioco diversi. Non si accontenta delle proprie competenze attuali, ma cerca sempre di superare i propri limiti e di crescere costantemente nel suo percorso.

Incontri con nuovi giocatori, esplora nuovi modi di giocare e si apre a diverse prospettive sul mondo di Street Fighter. Ogni nuova sfida diventa un'opportunità di apprendimento, una finestra per comprendere meglio se stesso e il gioco che ama così tanto.

E mentre continua il suo viaggio, Marco sa che il mondo dei giochi continua a evolversi. Si prepara ad affrontare le nuove sfide che il futuro potrebbe portare, rimanendo aperto alle innovazioni tecnologiche, alle nuove tattiche di gioco e ai cambiamenti nella comunità.

La sua evoluzione continua non riguarda solo il gioco stesso, ma anche la sua crescita personale. Street Fighter 3rd Strike continua a essere una fonte di ispirazione e di crescita costante, alimentando la sua passione e offrendogli una ricchezza di esperienze che vanno ben oltre il mero divertimento del gioco.

Capitolo 15 : L'eredità di street fighter

Marco riflette sull'eredità di Street Fighter 3rd Strike e su come questo gioco iconico abbia plasmato la sua vita e la comunità di giocatori nel corso degli anni.

Per lui, Street Fighter rappresenta molto più di un semplice passatempo. È diventato un filo conduttore che ha legato momenti cruciali della sua vita, una fonte di ispirazione che ha contribuito a formare la sua passione per il gioco e a connetterlo con persone provenienti da tutto il mondo.

Attraverso le diverse fasi del suo viaggio con Street Fighter, Marco ha imparato l'importanza della perseveranza, della dedizione e della capacità di adattamento. Il gioco ha insegnato a lui e a molti altri giocatori lezioni di resilienza, di strategia e di collaborazione all'interno della comunità.

Ma l'eredità di Street Fighter non è solo nelle abilità acquisite o nelle competizioni affrontate. È nella condivisione di esperienze, nell'amicizia costruita durante le partite e nei legami che si sono formati grazie a questa passione condivisa.

La serie Street Fighter ha lasciato un'impronta indelebile nella storia dei videogiochi e ha influenzato generazioni di giocatori. È diventata una parte integrante della cultura popolare, trasformandosi da semplice gioco in un'icona globale che continua a unire persone di diverse età e provenienze.

Per Marco, l'eredità di Street Fighter 3rd Strike va oltre la pura competizione o il divertimento del gioco. È un ricordo indelebile delle emozioni vissute nei raduni, delle amicizie forgiatesi online e offline e dell'ispirazione che ha permeato ogni momento dedicato a questo gioco.

Ora, guardando indietro al suo percorso di appassionato di Street Fighter, Marco sa che l'eredità di questo gioco continuerà a vivere attraverso le generazioni future di giocatori.

È una storia di connessioni umane, di competizione leale e di amore per un gioco che ha resistito alla prova del tempo, lasciando un'impronta indelebile nelle vite di chi lo ha amato e giocato.

Capitolo 16: L'oltrepassare i confini

Marco si trova di fronte a un momento di grande significato nel suo viaggio con Street Fighter 3rd Strike: l'opportunità di oltrepassare i confini della sua passione per il gioco e trasformarla in qualcosa di più grande.

Dopo aver consolidato la sua esperienza e le sue conoscenze nel mondo di Street Fighter, Marco decide di condividere la sua passione non solo con la comunità di giocatori, ma anche con un pubblico più ampio. Si propone di utilizzare le lezioni apprese e l'esperienza accumulata per ispirare e guidare gli altri.

Si impegna attivamente a organizzare workshop e eventi dedicati, con l'obiettivo di condividere le sue conoscenze sul gioco, offrendo consigli pratici e strategie per aiutare gli altri a migliorare le proprie abilità. Desidera rendere accessibile la sua esperienza, aprendo le porte del mondo di Street Fighter a un pubblico più vasto.

Oltrepassando i confini del suo ambiente di gioco, Marco cerca di coinvolgere non solo giocatori esperti, ma anche principianti e curiosi. Crede fortemente nell'importanza di creare una comunità inclusiva, dove chiunque abbia interesse possa trovare spazio e supporto per coltivare la propria passione per il gioco.

Con questo nuovo impegno, Marco si pone l'obiettivo di promuovere l'unità e la collaborazione all'interno della comunità di Street Fighter. Cerca di superare le barriere geografiche e linguistiche, creando ponti tra giocatori provenienti da diverse culture e background.

Il suo desiderio è quello di ispirare non solo attraverso il gioco stesso, ma anche attraverso i valori di collaborazione, rispetto e impegno che questa passione ha trasmesso a lui. Oltrepassare i confini significa aprire le porte a una nuova generazione di giocatori, trasmettendo loro l'amore e la dedizione che ha permeato il suo viaggio con Street Fighter 3rd Strike.

Capitolo 17: Il legame permanente

Marco si ritrova immerso in un legame permanente con Street Fighter 3rd Strike, una connessione che va al di là del semplice gioco e si radica profondamente nella sua vita.

Dopo aver vissuto momenti significativi, condiviso esperienze e contribuito alla comunità, comprende che questa passione è diventata parte integrante della sua identità. Street Fighter non è solo un passatempo o un interesse momentaneo, ma una presenza costante che ha plasmato il suo modo di pensare e di relazionarsi al mondo.

Ogni partita è diventata un viaggio nell'universo di Street Fighter, un momento in cui si sperimentano emozioni, si coltivano legami e si scoprono nuove sfaccettature del gioco. Questa connessione è diventata una fonte di ispirazione, una costante che lo motiva a crescere, a imparare e a condividere con gli altri la sua passione.

E non è solo il gioco in sé che ha reso questo legame così significativo, ma la comunità che lo circonda. Gli amici fatti lungo il percorso, i compagni di gioco con cui ha condiviso vittorie e sconfitte, e le persone che ha avuto l'onore di incontrare grazie a questa passione hanno reso questo legame ancora più speciale.

Marco si rende conto che questa connessione è diventata un pilastro nella sua vita, un punto di riferimento che lo ha sostenuto nei momenti difficili, gli ha offerto gioia nei momenti felici e gli ha insegnato lezioni preziose che vanno oltre il mondo dei videogiochi.

Questa relazione permanente con Street Fighter è diventata una fonte di gratitudine, un'esperienza che ha arricchito la sua vita in modi inaspettati. È un legame che sa che continuerà a portare gioia, ispirazione e nuove avventure, mantenendo viva la fiamma della sua passione per sempre.

Capitolo 18: Oltre il gioco

Marco si rende conto che la sua esperienza con Street Fighter 3rd Strike ha superato i confini del semplice gioco, trasformandosi in un'ispirazione che permea diversi aspetti della sua vita.

La dedizione, la disciplina e la perseveranza imparate attraverso il gioco si sono riversate in altre sfere della sua esistenza. La mentalità di miglioramento continuo che ha sviluppato giocando è diventata un approccio fondamentale anche nella sua vita professionale e personale.

Le lezioni apprese mentre affrontava sfide nell'arena virtuale si sono rivelate preziose nel superare gli ostacoli della vita di tutti i giorni. La resilienza acquisita durante le sconfitte e la capacità di adattamento nelle partite si sono tradotte in strumenti preziosi per affrontare le sfide del mondo reale.

Inoltre, la comunità di giocatori di Street Fighter gli ha insegnato l'importanza della condivisione, della collaborazione e del sostegno reciproco. Questi valori si sono estesi al di là del gioco, influenzando le sue relazioni personali e la sua visione della solidarietà umana.

La sua passione per il gioco ha anche scatenato una curiosità sempre crescente per altri aspetti della cultura videoludica e dell'intricato mondo dei giochi competitivi. Ha cominciato ad esplorare e apprezzare altre opere videoludiche, imparando dagli stili di gioco diversi e coinvolgendosi in nuove comunità.

Oltre il gioco stesso, Marco ha scoperto che l'esperienza con Street Fighter 3rd Strike è stata un catalizzatore per una crescita personale significativa. Ha contribuito a plasmare il suo carattere, ha stimolato la sua creatività e ha nutrito la sua passione per l'apprendimento continuo.

Questo capitolo della sua vita è diventato un punto di riferimento, una risorsa preziosa che continua a influenzare positivamente ogni aspetto della sua esistenza. E mentre il tempo passa e nuove avventure si presentano, sa che i valori e le lezioni apprese da Street Fighter continueranno a guidarlo nel suo cammino.

Capitolo 19: Il cammino infinito

Per Marco, il suo viaggio con Street Fighter 3rd Strike non ha una fine definita, ma è piuttosto un cammino senza fine, un percorso continuo di scoperta e crescita.

Ogni giorno rappresenta un nuovo capitolo, una nuova opportunità di apprendere, migliorare e condividere la sua passione con il mondo. La sua connessione con il gioco si rinnova costantemente, alimentata dalla costante evoluzione del mondo dei videogiochi e dalla vibrante comunità di giocatori.

L'esperienza con Street Fighter si è trasformata in una fonte di ispirazione senza tempo. Ogni volta che Marco si siede di fronte allo schermo, si sente come se stesse vivendo una nuova avventura, esplorando nuove strategie, facendo nuovi incontri e imparando dalle dinamiche sempre mutevoli del gioco.

Questa passione lo spinge a esplorare continuamente nuovi orizzonti, a cercare nuove sfide e a condividere la sua esperienza con gli altri. Si impegna a essere una fonte di ispirazione per la comunità, ad aiutare i nuovi giocatori e a sostenere coloro che desiderano migliorare le proprie abilità.

E mentre il tempo passa, Marco sa che questo cammino non è solo un viaggio individuale. È un legame con una comunità globale di appassionati di videogiochi, un legame che si estende oltre le frontiere geografiche e culturali, unendoli in una rete di condivisione e apprendimento reciproco.

Il cammino infinito con Street Fighter è diventato una parte intrinseca di chi è Marco. È una storia senza fine di esperienze, di lezioni apprese e di connessioni umane che si rinnovano costantemente, formando un tessuto intricato di passione, divertimento e crescita.

E mentre continua questo cammino infinito, Marco sa che ogni passo avanti è un nuovo capitolo, una nuova avventura, e che la sua passione per Street Fighter 3rd Strike continuerà a guidarlo, a ispirarlo e a plasmare il suo percorso nel mondo dei videogiochi.

Capitolo 20: Un nuovo inizio

Dopo aver attraversato un viaggio ricco di esperienze con Street Fighter 3rd Strike, Marco si ritrova di fronte a un nuovo capitolo, un nuovo inizio nel vasto mondo dei videogiochi.

Mentre Street Fighter ha occupato un posto centrale nel suo cuore e nella sua esperienza di gioco, Marco si apre a nuove avventure, nuovi giochi e nuove sfide che lo attendono oltre l'orizzonte.

Questo nuovo inizio rappresenta una continua crescita e una continua scoperta. Marco porta con sé le lezioni, la passione e l'ispirazione acquisite con Street Fighter, utilizzandole come fondamenta solide mentre esplora nuovi mondi virtuali.

Si impegna a mantenere vivo lo spirito del guerriero che ha coltivato giocando a Street Fighter, applicando le abilità e i valori appresi a ogni nuovo gioco che affronta. È pronto ad accogliere nuove sfide, a imparare nuove meccaniche di gioco e a immergersi in nuove comunità di appassionati.

Questo nuovo inizio non è un addio a Street Fighter, ma piuttosto un saluto rispettoso a un capitolo importante della sua vita di giocatore. È un'apertura a un'infinita gamma di possibilità, un'opportunità di crescita continua e di esplorazione nell'ampio universo videoludico.

Marco si prepara a trasformare ogni nuova partita in un'avventura, a condividere la sua passione con altri e a continuare a forgiare il suo cammino di guerriero attraverso nuovi giochi, nuove esperienze e nuovi legami che si formeranno lungo la strada.

Questo nuovo inizio rappresenta l'essenza stessa del suo spirito di giocatore: l'entusiasmo per l'ignoto, la voglia di apprendere e la gioia di immergersi in mondi digitali ancora inesplorati. È un capitolo che si apre con la promessa di avventure entusiasmanti e di crescita costante, mentre Marco si prepara a scrivere nuove storie nel suo percorso nel mondo dei videogiochi.

www.ingramcontent.com/pod-product-compliance
Lightning Source LLC
LaVergne TN
LVHW072052060326
832903LV00054B/408